1 MONTH OF
FREE
READING

at

www.ForgottenBooks.com

By purchasing this book you are
eligible for one month membership to
ForgottenBooks.com, giving you
unlimited access to our entire
collection of over 1,000,000 titles via
our web site and mobile apps.

To claim your free month visit:
www.forgottenbooks.com/free1248922

ISBN 978-0-428-61225-2
PIBN 11248922

LA APRENSIVA

BOCETO DE COMEDIA

EN UN ACTO DE UN CUADRO, EN PROSA,

PRIMERA PRODUCCIÓN ESCÉNICA

ORIGINAL DEL DOCTOR

MANUEL CORRAL Y MAIRÁ

———

tráñado con extraordinario éxito en el COLISEO IMPERIAL de Madrid la noche del 7 de Diciembre de 1908

MADRID

R. VELASCO, IMPRESOR, MARQUÉS DE SANTA ANA, 11 DUP.º
Teléfono número 551

—

1909

Al Excmo. Sr. D. Torcuato Luca de Tena,

PRESIDENTE DEL CONSEJO DE ADMINISTRACIÓN DE LA SOCIEDAD PERIODÍSTICA *Prensa Española:*

Ilustre y querido amigo: Con el mayor placer me permito dedicarle este boceto de comedia, que he confeccionado en los escasos ratos de ocio que me dejan libre mis enfermos y mis trabajos periodísticos, primera producción escénica que doy al teatro y que ha tenido la fortuna de estrenarse con éxito.

Si usted se digna aceptar la dedicatoria y patrocinar la obrita, honraráse muy mucho con ello, su antiguo amigo y el más pigmeo de los colaboradores de sus periódicos, que muy de veras le estima y

l. e. l. m.,

Dr. Corral y Mairá

Linares, Diciembre, 908.

REPARTO

PERSONAJES   ACTORES

CLARA, joven de unos 24 años.   SRA. MESA.

LOLA, ídem de igual edad.....   SRTA. MUÑOZ SAMPEDRO.

ARTURO, médico, unos 36 años.   SR. VICO (Don José).

PEPITO, joven de unos 30, clubman elegante............   » MAXIMINO.

GASPAR, de unos 50 años, hermano de Arturo............   » SAEZ.

CLIENTE 1.º, joven de 24 años.   » VILLARREAL.

IDEM 2.º, ídem con el rostro pintado de amarillo..........   » RAMOS.

IDEM 3.º, ídem con aspecto de demacración..............   » ISBERT.

UN CRIADO, sirviente en casa de Arturo.................   » RUIZ-AGUIRRE.

La escena en Madrid.—Época actual

ACTO UNICO

Planta de la decoración

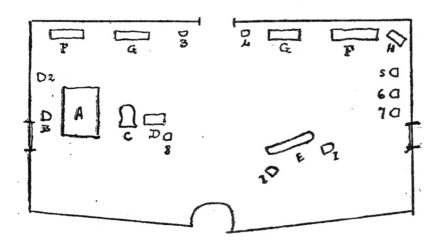

A—Mesa de despacho.
B—Sillón de ídem.
C—Idem de reconocimientos.
D—Mesita «etagié».
E—Sofá confidente.

F F—Armarios.
G G—Vitrinas con instrumentos.
H—Lavabo.
I I—Marquesinas.
1, 2, 3, 4, 5, 6, 7 y 8—Sillas de roble y cuero.

Representa la escena el despacho-consultorio del médico Arturo, elegante y lujosamente amueblado y decorado. A la derecha (entiéndase siempre la del espectador), hueco practicable que simula puerta comunicativa á las habitaciones particulares de Clara, en primer término. A la izquierda, primer término también, otro

609255

hueco que semeja puerta comunicativa al laboratorio microbioló-
gico particular de Arturo. Al foro, en el centro, otro hueco igual
simulando puerta que da á las habitaciones interiores y salida de
la casa: las tres puertas con cortinones de peluche ó yute, caidos
y con guardamalletas. A la izquierda, cerca de la pared segundo
término, mesa de despacho elegante con sillón de roble y cuero;
al lado de la mesa y frente al público, un sillón articulado para
reconocimientos de enfermos; cerca de este sillón una mesita «etagié» pequeña, portátil, con bandejas quirúrgicas, un fonendoscopio,
pulverizador y lámpara de fumigación. Adosados á la pared del
foro, armarios con libros; vitrinas con instrumentos de cirugía,
irrigadores de cristal colgados de la pared. A la derecha, en primer término un sofá confidente pequeñito y dos marquesinas de
tapicería elegante. Adosadas á la pared derecha sillas de roble y
cuero. En el ángulo derecho un lujoso lavabo. Sobre la mesa y
armarios, libros, revistas, periódicos, etc.

ESCENA PRIMERA

ARTURO, CRIADO y después CLIENTE 1.º

Al levantarse el telón aparece Arturo sentado á su mesa de despacho,
viste elegantemente de levita. El Criado vestido de americana y pan-
talón negros y chaleco rojo, está á la puerta del foro sosteniendo un
cortinón

CRIADO   ¿Qué desea el señor?
ART.   ¿Cuántos enfermos quedan?
CRIADO   Quedan tres, señor.
ART.   Vaya, pues que entre el primero en seguida.
(Vase el Criado.) Lo que es hoy la consulta ha
sido nutrida. (Mirando el reloj.) ¡Uf, las diez y
media ya!
CLIEN 1.º   (Desde la puerta del foro.) ¿Da usted permiso?
ART.   Pase usted y siéntese aquí. (Le indica el sillón
de reconocimientos, donde el Cliente se sienta.) Va-
mos á ver; ¿de qué padece usted?
CLIEN. 1.º   Pues mire usted, señor, padezco de inape-
tencia, jaquecas, postración...
ART.   ¿A ver el pulso? (Cogiéndole una mano y obser-
vando que es fina.) ¿Usted no es obrero ma-
nual?

1.º No, señor; soy... empleado.
Está muy débil este pulso. (Pulsándole.) ¿Y qué más siente usted?

1.º Pues además me duele algo el pecho y toso mucho por las noches.

(Sobresaltado se levanta del sillón y coge el fonendos-. copio de la mesita «etagié».) ¡Que tose usted! ¿Ha dicho usted que tose? A ver, á ver, desabró-chese en seguida el chaleco. (Lo hace el Cliente y Arturo le aplica al pecho en diferentes regiones el fonendoscopio, colocándose en los dos oídos los tubitos del aparato, quedando un momento en silencio como si le auscultara el pecho. Aparte y dejando el aparato en la mesa.) (Vaya, me tranquilizo, no es tu-berculoso.) Bueno; tiene usted que tomar cinco gotas de la medicina que voy á rece-tarle disueltas en una cucharada de agua antes de las comidas, (Se sienta á la mesa y finge hacer una receta.) y el domingo que viene vuel-ve usted por aquí. (Le dá la receta y el Cliente se levanta.) Lo que usted tiene se cura fácil-mente, pero es preciso, entiéndalo usted bien, es preciso que además de la medicina, haga usted vida activa, mucho, mucho ejer-cicio; sobre todo mucho ejercicio.

1.º (Extrañándose.) ¿Cómo ha dicho usted? ¿Que haga mucho ejercicio?
Sí, sí; que ande usted mucho, usted necesita andar mucho.

1.º ¿Que necesito andar mucho, señor? ¡Si soy cartero!

(Algo brusco y contrariado.) Bueno, bueno, eso no importa, yo me refiero á que haga usted ejercicio en el campo, al aire libre.

1.º Bueno, bueno, está bien. Servidor de usted y mil gracias. (Vase por el foro.)
Vaya usted con Dios. (Solo ya.) Pues, señor, quién iba á creer que ese hombre fuese un cartero, si parece oficinista.

ESCENA II

AR'1URO y CLIENTE 2.º

El Cliente 2.º saldrá á escena con la cara teñida ligeramente de amarillo como si padeciese ictericia

CLIEN. 2.º   (Desde puerta foro, con acento andaluz.) ¿Ze pué
    pazar?

ART.   Pase, pase usted. Tome usted asiento ahí.
    (Le indica el sillón de reconocimientos.)

CLIEN. 2.º   Miste, yo venía...

ART.   (Interrumpiéndole.) Nada, nada, no tiene usted
    que decirme nada.

CLIEN. 2.º   Éz que yo...

ART.   (Interrumpiéndole.) Que no me diga usted nada,
    hombre. Lo que usted tiene se ve á cien
    leguas.

CLIEN. 2.º   (Extrañado.) ¡Yo!

ART.   Sí, hombre, sí, está más claro que el agua.

CLIEN. 2.º   Pero zi ez que yo vengo á...

ART.   (Interrumpiéndole.) Que no me diga usted na-
    da, hombre. A ver, no perdamos tiempo;
    desabróchese usted el chaleco: pronto.

CLIEN. 2.º   (Extrañado.) ¿Yo?...

ART.   (Impaciente.) Sí, hombre, sí; ande usted de-
    prisa...

CLIEN. 2.º   Pero zi á mí no me duele er pecho.

ART.   Ya lo sé, no es el pecho, es el hígado.

CLIEN. 2.º   (Extrañado.) ¡El hígado! (Aparte.) (¿Zi eztaré yo
    enfermo del hígado?)

ART.   (Impaciente) Vamos, hombre.

CLIEN. 2.º   (Aparte.) (Vaya, no hay máz remedio.) (Se de-
    sabrocha el chaleco y Arturo le reconoce palpando la
    región del hígado en el lado inferior derecho del pe-
    cho.)

ART.   (Después de reconocerlo.) ¿Ve usted? Lo que yo
    decía. Tiene usted un poco de infarto. Hay
    aumento de secreción biliar.

CLIEN. 2.º   (Alarmado y aparte.) (¡Caracoles! ¿Zerá verdá
    que tengo yo el hígado dañao?) (A Arturo.)
    Bueno... Pero yo venía á decirle á uzté...

(Contrariado.) Le he dicho á usted que no es preciso que me diga nada; los síntomas los lleva en la cara. Nada, nada, es preciso que tóme usted de las píldoras que voy á recetarle (Se acerca á la mesa y se sienta como si hiciese una receta.) una en ayunas, otra antes del almuerzo, y otra antes de la comida (Escribe.)

Pero, ¿ez que eztoy enfermo del hígado?

Es una alteración funcional nada más, pero puede hacerse grave. Tome usted. (Le da la receta.)

(Levantándose.) Bueno: permítame uzted doz palabraz.

Vamos, hable usted.

¿No ez uzté er dotor de. que hablan los periódicoz que ha inventao la curación der cáncer?

Que la he inventado, no; que estoy en vias de inventarla.

Bueno: puez yo he venío á zu conzulta de uzté, no comó enfermo, no pa que uzté me vea, porque á mí graciaz á Dioz, hazta la prezente no me duele ná.

(Malhumorado.) ¿Qué dice usted? ¿Entonces á que ha venido?

A preguntarle zi quiere uzté hacer experimentos con mi zeñora, que zegún los méicos que lan visto padece un cancer incurable en... una parte rezervá que me rezervo de cir... y (Señalándose el trasero.) que no la permite venir á la conzulta de uzté porque no pué moverze.

(Contrariado.) Acabáramos; ¿y por qué no me lo ha dicho usted cuando entró?

Zeñó, porque uzté no m'a dejao decir ezta boca ez mía.

Bueno, sí, señor; haré experiencias con su señora; la inocularé con el suero de mi invención; será el primer caso de experimentación humano; yo iré á verla, ¿dónde vive usted?

Bastero, veinte, tercero.

(Tomando nota.) Bueno, ya iré yo á visitarla; pero usted no deje de tomar las píldoras que le he recetado; porque, entiéndalo usted bien; usted, á pesar de que dice que no le duele nada, tiene un principio de ictericia que, si la abandona usted, puede hacerse grave.

CLIEN. 2.º (Alarmado.) ¡Caracolez! ¿Pero ez verdá ezo? ¿Tengo yo tirizia?

ART. Sí, señor. (Lo lleva delante del espejo del lavabo.) Véase usted la cara.

CLIEN. 2.º (Alarmadísimo y temblando.) ¡Jozú, Jozú! ¡puz zi ez verdá! ¡Dioz mío! ¡Zi eztoy maz amariyo que la manteca enranciá!

ART. (Despidiéndole.) Ea, vaya usted con Dios y á cuidarse; y el domingo próximo vuelva usted á la consulta.

CLIEN. 2.º Zi ez que antez no m'han llevao ar cementerio; porque yo eztoy muy malo; ahora lo noto; no pueo ni rezpirar. Voy corriendo á meterme en la cama. ¡Jozú, Jozú! ¡quién lo había e dezir! Vaya, quede uzté con Dioz, zeñó, y muchas graciaz. ¡Dioz mío, yo con tirizia! (Vase puerta foro)

ART. (Solo.) ¡Pobre hombre! (Toca el timbre.) ¡Qué impresión le ha producido el saber su enfermedad! Ese es otro aprensivo como mi mujer.

ESCENA III

DICHO, CRIADO y después CLIENTE 3.º

CRIADO (Por puerta foro.) ¿Qué desea el señor?

ART. A escape, que pase el último, porque supongo que será el último.

CRIADO Sí, señor, el último. (Vase foro.)

ART. ¡Vaya una consultita la de hoy! (Mirando el reloj.) Llevo dos horas viendo enfermos.

CLIEN. 3.º (Entrando puerta foro; viste traje de artesano, está muy demacrado.) ¿Dá usted permiso? (El Cliente tose secamente.)

ART. Adelante. (Aparte, alarmado.) (Esa tos...) Siéntese aquí y dígame qué le aqueja.

Señor: que me duele el pecho muchísimo;
no ceso de toser, y en diez días he echado
ya tres veces sangre por la boca.

(Alarmado.) A ver, á ver; en seguida desabró-
chese el chaleco. (Aparte.) (No hay duda; éste
sí lo es.) (Se desabrocha el Cliente el chaleco. Arturo le ausculta con el fonendoscopio un momento.—
Aparte.) (Justo, es un tuberculoso con todas
las de la ley.) (Al Cliente.) Bueno: puede usted
marcharse en seguida, en seguida; necesita
usted ir al dispensario antituberculoso que
le hagan á usted un minucioso reconoci-
miento, le analicen los esputos y le pon-
gan plan.

(Alarmado.) ¿Pero estoy yo tísico?

(Con indecisión.) No... pero conviene que le
vean á usté allí: yo no soy especialista en
esa clase de enfermedades. Vaya, vaya usted con Dios. (Empujándole suavemente para que
se vaya.)

Pero...

En el dispensario le pondrán plan.

Bueno, bueno. (Vase foro.)

(Solo.) Pues señor: ¡un tísico! Si se entera mi
mujer de que ha habido aquí un tísico, es-
tamos aviados con lo aprensiva que ella es.
Vaya, fumigaremos la atmósfera para que
no se enfade. (Coge de una cajita una pastilla, la
echa en la lámpara fumigatoria y prende con una ceri-
lla la candileja de alcohol.)

ESCENA IV

ARTURO y CLARA

s dos cortinones de la puerta lateral derecha asoma
Clara la cabeza solamente

(Sin entrar.) Qué, ¿terminaste con tus pobres?

Sí, hija; ya acabó la consulta.

(Con marcado interés.) ¿Ha habido algún tísico?

No; no ha habido ninguno.

CLARA
ART.

CLARA

ART.

CLARA

ART.

CLARA

ART.

CLARA

te olvidas de mí que... no soy ningún pur-
gatorio.

(Con zalamería.) No, Clárita. ¡Olvidarme de tí!
tú eres una gloria mucho más hermosa que
conquisté y que ya poseo... En fin no hable-
mos de eso: Pepito te seguirá acompañando
donde tu quieras hasta que y_0 dé cima á
mi colosal empresa. (Transición.) Vaya, voy
á visitar á la marquesa, á ponerla una nueva inyección de suero y vuelvo para almorzar: ya sabes que hoy tenemos convidados;
mi hermano y Pepito. (Toca el timbre.)
¿Vendrás antes de las doce?
Seguramente.
Pues entonces espero tu regreso para ir en
el coche á misa á las Calatravas.
(Presentándose puerta foro.) ¿Qué deséan los se-
ñores?
¿Enganchó Ramón?
El señor tiene ya el coche á la puerta.
Vaya, adiós, hijita. (Vase foro.)
(Entristecida.) ¡Adiós!

ESCENA V

CLARA, sentada con displicencia en el Confidente

(Con dejo de amargura.) ¡Adiós; ya nada más
que adiós! Ya no me besa como lo hacia antes aun delante de los criados cuando salía
de casa. No hay duda, obsesionado con su
laboratorio y su próximo ingreso en la Real
de Medicina, va olvidándose de mí. Me
abandona á la compañia de Pepito, de su
entrañable amigo, sin sospechar que Pepito,
que no es tan santo como parece, va poco á
poco traspasando los límites de la afectivi-
dad amistosa, para entrar por el camino de
los galantéos, y las insinuaciones al vedado
coto con su amor. (Horrorizándose.) ¡Oh, no,
no, jamás! Yo no sucumbiré jamás: yo no
caeré en sus redes; no caeré, aun cuando el

abandono de Arturo y las mal sanas intenciones de Pepito, se reunan para lograr mi caída. Pero... (Reflexionando.) ¿puedo jurar que sabré resistirme siempre al asedio? ¿No llegarán sus incesantes escarcéos amorosos á hallar por fin mi cuarto de hora funesto? (Rehaciéndose.) ¡Bah, qué locura! Eso sí; tendré que sostener ruda batalla porque Pepito es joven, apuesto, galante, gallardo y empedernido tenorio áfortunadísimo en sus incontables conquistas, y esto... esto solo es sin disputa un fatal incentivo que sugestiona á las mujeres para hacernos caer de golpe enmascarando el delito con una dulzura victoriosa que saboreamos con deleite... Peró (Transición y levantándose con brusquedad del confidente.) ¡Jesús, qué horror; qué cosas estoy pensando!

CRIADO   (Levantando un cortinón de la puerta del foro y anunciando visita.) La excelentísima señora de Menduíña.

ESCENA VI

CLARA, LOLA, después CRIADO y PEPITO. Lola entra por el foro vistiendo elegante traje de calle con sombrero, sombrilla, guantes, etc.

CLARA   (Besando con afecto á Lola.) Querida Lola; ciertamente no esperaba á estas horas tu visita; siéntate. (Siéntanse ambas en el confidente.)

LOLA   Vengo de oir la misa del padre Anaya en el Cristo de la Salud como de costumbre y antes de regresar á casa he querido venir á preguntarte si vas esta noche al Real.

CLARA   Eso pienso.

LOLA   Pues entonces si no tienes convidados ocuparé un asiento en vuestro palco. Esta noche toca «Bohemia» y no quiero perderla. Estoy sola: Menduíña salió esta mañana al coto del Marqués de Lorán; van por tres dias de cacería de reses y no quiero aburrirme por las noches sola en casa.

¿Y como no vas al palco de Gloria Solís?
La otra noche te ví alli con ella y como es
tu íntima...

Lo fué, pero hija. qué quieres; he recogido
velas; hasta ahora he ido con ella á todas
partes, pero desde que su esposo se fué á
Melilla hace un mes á hacer estudios de in-
geniería en nuestras fortificaciones, Gloria
Solís es otra.

¿Otra? no te entiendo.

Sí, hija; sí; te lo diré en confianza. Gloria
coquetea más de lo debido; desde que su
esposo se marchó la sigue á todas partes el
joven ese rubio secretario de embajada que
le presentaron en la última *matiné* que dió
Solís antes de su viaje; y ella lo admite en
su palco; y van juntos al tiro de pichón y
ya todo el mundo murmura y como com-
prenderás no quiero hacer ningún papel ri-
diculo, ni mucho menos contravenir al once-
no mandamiento.

Pero tú supones que Gloria sea capaz de
faltar...

No te diré yo tanto: quiero creer que es solo
coquetería, flirteo inofensivo; pero de todos
modos yo, estando con ellos, les estorbo, me
pongo en ridículo y no quiero pechar luego,
con que digan, si algo resulta, que yo estaba
en el secreto.

¡Qué maliciosa eres!

No hija; si todo el mundo lo da ya como hecho.

Bueno, bueno, pues nada, esta noche te espero é iremos juntas al Real.

Pero, ¿pensabas ir sola?

No; nos acompañará Pepito.

¿Y Arturo no viene?

No, hija mía; Arturo tiene bastante con escribir su discurso de ingreso en la Academia
y escudriñar en el microscopio los caldos de
su cultivo canceroso. Engolfado en estas la-
bores, pasa las noches de claro en claro y los
días de turbio en turbio y apenas se ocupa.
de mi.

LOLA

CLARA

LOLA

CLARA

LOLA

CLARA
LOLA

CLARA
LOLA

CLARA

LOLA

CLARA

LOLA

CLARA

LOLA
CLARA
LOLA

que vais siempre juntos al Real y al Español, y á la Comedia, y al *foot-baal*, y á las carreras, y. . á todas partes, y á ninguna de esas partes te acompaña Arturo, y eso créeme, Clara, eso da motivo á la maledicencia.

(Rehaciéndose,) Vaya hija; no vas tú poco lejos, tú sueñas. Todo el mundo sabe que Arturo y Pepito se quieren con un afecto fraternal, que son dos cuerpos y un alma y todo el mundo sabe, también porque la prensa diaria lo está diciendo todos los días, que Arturo está ahora ocupadísimo en hacer estudios de bacteriología y en escribir su discurso para su recepción en la Real Academia. Hay, pues, sobradísima justificación para que ahora no pueda acompañarme.
Bueno; tú piensas así, pero...

(Apareciendo en la puerta del foro) Señora, un criado del excelentísimo señor Rodrigómez viene á avisar para que el señor vaya á visitar á su hijo.

(Con viveza.) ¡Ah! ¿Al hijo del senador Rodrigómez? (Al criado.) Pregunte usted al que trae el aviso *si sabe si tose* el enfermo. (Vase el criado.)

¡Qué rareza! ¿Por qué haces esa pregunta?

(Cón espanto.) ¡Hija, porque tengo un miedo horrible á los tísicos! Es una aprensión que no puedo dominar, es mi obsesión constante, y Arturo, que es muy complaciente conmigo en esto, me tiene ofrecido no encargarse de la asistencia de ningún tuberculoso.

(Desde el foro.) El criado del señor Rodrigómez dice que el enfermo tose mucho.

(Alarmada á Lola.) ¡Lo ves! ¿No te lo dije? ¡Si ese chico no hay más que verlo, es un candidato á la tisis, ya decía yo. (Al criado y levantándose.) Bueno; pues diga usted que el señor... no visita ahora á nadie, que está ocupadísimo en el laboratorio, que no puede ir... que avisen á otro médico.

(Sonriéndose.) Hija, por Dios, eso que haces me parece una ridiculez.

CRIADO
CLARA
LOLA

CLARA

LOLA

CLARA

CRIADO
PEPE

CRIADO
PEPE

LOLA

PEPE
LOLA
CLARA
LOLA
CLARA
PEPE

LOLA

PEP.

ESCENA VII

y PEPITO. Clara se sienta en el confidente, á un lado pero
ar suficiente espacio para que en él pueda sentarse Pepito

¿Y Arturo en su cuarto laboratorio? (Se acerca á mirar por la puerta lateral izquierda.)

No, salió á visitar á la marquesa, que mejora poco.

Le esperaré entonces. (Se sienta en una marquesina displicentemente. Pausa.) ¿Qué tiene usted Clarita? La encuentro agitada, con desasosiego .. ¿disgustada quizás?

(Con ingenuidad.) Pues sí, Pepito; por qué he de negarlo: me tiene disgustadísima el abandono de Arturo.

Tiene usted razón; el triunfo de la gloria científica le tiene obsesionado hasta el extremo de hacerle olvidar sus conyugales deberes.

¿Cómo?

Si no olvidados, amortiguados. Desengánese usted, Clarita: Arturo ama más *á la otra...* que á usted.

(Alarmada.) ¿Qué dice usted? ¿A la otra? ¿Quién es la otra?...

La otra es la ciencia, no se alarme usted.

Es cierto, Pepito, es cierto. (Compungida.) Mi marido no me ama como antes.

Opino como usted y esto no es hacer traición á Arturo, á mi amigo del alma; pero hace muy mal en posponerla á sus triunfos científicos. Un hombre dueño del amor de una criatura tan extraordinariamente hermosa como usted, (Exaltándose y aproximándose á Clara.) con esa hermosura, con esa belleza que no tiene rival, debe abandonar para siempre toda otra gloria que no sea la gloria suprema de gozarse con los encantos de la divinidad que le cupo en suerte por eterna compañera.

(Animada por la galantería.) ¿Lo cree usted así?

PEP.

CLARA
PEP.

CLARA

PEP.

CLARA

PEP.

encantos infinitos, tiene indiscutible derecho á que se la venere, á que se la adore
como se adora á Dios, sobre todas la cosas y
por encima de todas las cosas y glorias
terrenas y créame usted, si esa mujer no es
amada así por quien tiene el deber de hacerlo, deber impuesto por el sagrado lazo matri-
monial, (Con exaltación.) esa mujer tiene, aun
encontra del deber, el derecho indiscutible
de buscar en el amor ajeno las deficiencias
del amor legitimo. (Se oye dentro toser á Arturo.)
(Se levanta repentina y azoradamente.) ¡Por Dios,
Arturo llega!
(Se traslada con rapidez á una marquesina diciendo
aparte.) (¡Caerá, vaya si caerá!) (En voz alta á
Clara para que lo oiga Arturo.) Con que ¿van ustedes esta tarde á las carreras?
Lo que diga Arturo.

ESCENA VIII.

y ARTURO. Arturo con sombrero de copa y bastón que
á la puerta el Criado, entra estando ya á la vista del público
cuando Clara y Pepe dicen las últimas frases

¡Hola, Pepe! (Clara ojea una revista de modas.)
(Levantándose y acercándose á Arturo.) Adiós, feliz
mortal ¿cómo van esos bichitos? ¿Has obte-
nido ya nuevas crias?
¿A qué te refieres?
A tus bacilos cancerosos.
(A Arturo.) ¿Cómo está la marquesa?
Cada vez peor, es mujer perdida.
Eso ya lo sabíamos. (Con intención.)
¿Está el coche abajo?
Sí: ya le dije á Ramón que tenía que llevar-
te á las Calatravas.
¿Quiere usted ir en el *auto*?
(Con sequedad y marcada intención.) No. Prefiero
mi coche. Vaya, mientras ustedes platican
voy á oir la misa de doce. Hasta luego.
Adiós, Clara. (Vase puerta lateral derecha.)
No tardes.

Arturo se b

PEP.
ART.

PEP.

ART.

PEP.

ART.

PEP.

ART.

PEP.

do á hacerlas. (Transición.) Oye, ¿vendrás esta tarde á las carreras?

Imposible, tengo que trabajar en el laboratorio.

¿Y esta noche al Real?

Tampoco, tengo que trabajar en mi discurso.

¿Entonces?

Entonces acompañas á Clara á las carreras y al teatro.

Bueno, como quieras. Adiós. (Vase por el foro.)

Anda con Dios.

ESCENA X

ARTURÒ y GASPAR

Pepito por el foro entra Gaspar vestido correctamente de levita y ambos se saludan

¡Hola, Pepe!

Adiós, Gaspar.

¿Te marchas?

Sí, pero vuelvo pronto. Adiós.

(A su hermano.) Hombre, me alegro que te hayas adelantado á la hora del almuerzo porque tengo que leerte una cosa...

Y yo me alegro de encontrarte solo. ¿Y Clara?

En misa.

(Con misterio.) Tengo que hablarte.

(Con unas Cuartillas en las manos.) Bueno, ya me hablarás: antes quiero que oigas los últimos párrafos que escribí anoche en mi discurso. Es una teoría nueva, mía, exclusivamente mía: el tema es soberbio, mira: «Génesis y etiología materialista de las simpatías y antipatías: teoria psico-física», escucha: (Leyendo las cuartillas.) «¿En virtud de qué función fisiológica se establecen las corrientes de simpatía y antipatía entre dos sujetos? Veámoslo. Todo organismo humano vivo, desarrolla calor irradiado por la periferia de su cuerpo exhalando de este átomos invisibles que se

GAS.
ART.

GAS.

rán (Exaltándose y levantándose de la silla.) como
tú dices el amor, pero un amor impuro, que
obscurecerá tu honra...

(Soltando las cuartillas y demudándose.) ¿Qué quieres decir, Gaspar? No te comprendo; mejor
dicho, no quisiera haberte comprendido;
habla claro.

Ese es mi deseo, aunque te destroce el corazón, hablar claro. Tú, pobre hermano mío,
engolfado en tus trabajos científicos, que te
traen obsesionado, no observas que tienes
á tu mujer en completo abandono, y lo que
es peor aún, que la has lanzado á la eterna
compañia de Pepito, dando lugar á que sus
átomos se amalgamen y...

(Interrumpiendo con brusquedad.) ¡Basta! ¿A dónde vas á parar? ¿Olvidas que Clara es una
santa que me adora y que es incapaz de
faltar á sus deberes? ¿Olvidas también que
Pepito ocupa en mi afecto el mismo grado
de cariño que ocupas tú? ¿Olvidas que es el
hijo del mejor amigo de nuestro padre, de
mi protector, el que al quedarme huérfano,
cuando tú estabas emigrado en la Argentina, costeó el final de mi carrera, costeó
mi titulo y me puso en camino de hacerme
hombre, insinuando y logrando mi unión
con Clara, la hija de su banquero, que aportó á nuestro matrimonio cuantiosos bienes,
que hoy disfruto? ¿Y el hijo de ese hombre,
Pepito, que se crió y educó conmigo, que
me ha demostrado siempre afecto entrañable, lo crees tú capaz de enlodazar mi honra? ¡Vamos tú deliras!

No, Arturo: yo no diré que te traicionen tu
mujer, y Pepe; no puedo asegurarlo: lo que
sí aseguro (Bajando la voz.) es que estás en ridículo, que ya comienza la murmuración y
la maledicencia á cebarse sobre tí, que ya
he oído en la Bolsa, en el casino, en los
círculos, hacer á la sordina juicios molévolos de Clara y Pepito; que ya comienzan á
compadecerte, y de eso, tú, y solo tú, tienes
la culpa.

ART.
GAS.

ART.

GAS.

ART.

GAS.
ART.

CLARA
ART.
CRIADO

ESCENA XI

tra por el foro, con elegante sombrero, sombrilla guantes
puestos y una pequeña cajita de dulces en la mano

(Entrando.) Adiós, Gaspar.

(Con afecto.) Hola, Clarita, ¿se viene de misa,
eh?

Sí; pero no la oí completa, llegué tarde.

(Como saboreando el triunfo de su plan. Aparte.) (Mi
plan es soberbio.)

(Dirigiendose á Arturo y enseñándole el paquetito que
trae en la mano.) Mira, te traigo tu postre fa-
vorito, golosín; tus yemas de coco. (Transición. ¿Y Pepito? ¿Cuándo vendrá Pepito? Es
preciso que almorcemos pronto, para poder
vestirme y llegar á tiempo á las carreras.

(Levantándose y yendo con parsimonia hacia ella.)
¿Pepito? Pepito no puede tardar, fué á afei-
tarse... y á propósito de Pepito; tengo que
darte, hija mía, una mala noticia.

(Sobresaltada) ¿Una mala noticia? ¡Ay, por
Dios! ¿qué ocurre? Habla.

No, no te alarmes; no es nada contra nos-
otros; es... referente á... Pepito.

¿A Pepito? Explícate, hombre, explícate.

(Aparte.) ¿Qué plan será el suyo?

Pues nada, hija, una desgracia. Ya sabes
que cuando te fuiste á misa se quedaba
conmigo Pepito. Pues bien, me dijo que
se sentía algo malucho, inapetente, con
opresión, cansancio...

(Con ansiedad.) ¿Y qué? ¿Y qué?

Yo no le hice caso al principio, más insis-
tió, lo reconocí y... (Marcando mucho las frases.)
desgraciadamente Pepito tiene un comienzo
de tuberculosis... ¡Está tísico!

(Aterrrada deja caer de las manos al suelo la sombrilla y la cajita de dulces.) ¡¡Tísico!! ¡¡El tísico!!

(Con ironía disimulada.) Sí, sí que es desgracia.

CLARA	(Siempre aterrada á Arturo.) ¡¡Tísico!! ¡¡Has dicho que tísico!!
ART.	Sí, hija mía, sí, desgraciadamente; peró no te alarmes ni te apures, ni tengas aprensión. A él, como comprenderás, le he dicho que se trataba sólo de una debilidad general, de un principio de anémia...
GAS.	(Aparte) (Claro, lo que únicamente tiene.)
ART.	Luego aimorzando le haré comprender, sin que sospeche su dolencia, la necesidad de que cuanto antes se marche á Málaga á pasar alli el resto del invierno.
GAS.	(Aparte) (Magnífico medio de alejarlo de aquí.)
ART.	Después... ya veremos... ya veremos. (Se aleja del lado de Clara y pausadamente se dirige puerta lateral izquierda.) Mientras viene, voy á dar una ojeada á mis cultivos. (Aparte.) (Mi ardiz me salvará.)

ESCENA XII

CLARA y GASPAR

Clara sigue en pie inmóvil, aterrada, como reflexionando sobre la noticia fatal que acicatea más su aprensión á la tuberculosis

CLARA	¡¡Tísico!! ¡¡Tísico!! ¡Dios mío, qué horror!
GAS.	(Consolándola.) Vamos, no te alarmes. Pepito comienza ahora su dolencia; es aún un tuberculoso inofensivo: su mal no es contagioso, cálmate, cálmate y no tengas aprensión.
CLARA	(Obsesionada sin escucharle.) ¡¡Tísico!! ¡¡El tísico!!

ESCENA XIII

DICHOS, PEPITO, ARTURO detrás de la cortina Dentro se oye la voz de Pepito, que viene tarareando un aire de vals

CLARA	(Al oir que llega Pepe, aterrada se lleva las manos a las sienes) ¡Dios mío, él!

(Entrando por el foro.) ¡Hola! He tardado, ¿eh?

(Acercándose á Clara.) ¿Todavia con sombrero?

(Espantada al ver que se le acerca Pepe.) ¡No, por Dios, no se acerque usted á mí!

(Aparte. Sale de la puerta lateral izquierda y, al oir la voz de Pepe, queda oculto detrás de la cortina escudriñando la escena, pero á la vista del público.) El aquí. ¡Veamos!

(Sorprendido.) ¿Eh? ¿Pero qué dice usted?

(Huyendo hacia la puerta lateral derecha.) ¡No, no se acerque usted!

(Extrañado.) ¿Pero qué pasa aquí? (Como interrogando á Gaspar, el cual irónicamente se encoge de hombros como si él no supiese nada.) ¿Y Arturo? ¿Se almuerza en esta casa ó no?

No, no, usted no puede almorzar aqui, en mi casa á mi lado, ¡nunca!

(Con fruición.) (¡Esto marcha!)

(Asombrado.) ¿Pero qué dice usted? ¿Se ha vuelto usted loca?

No, no estoy loca; váyase usted, váyase usted por favor.

(Aparte detrás de la cortina.) (Mi mentira llegó á tiempo.)

¿Que me vaya? (Se acerca á Clara, que lo detiene con un ademán de horror.) ¿Pero quiere usted explicarme?

ESCENA XIV

DICHOS y ARTURO

le de la cortina detras, como si no hubiera visto ni oído nada

(Al ver á Pepito.) ¡Hola, chico! ¿Has vuelto ya? Pues andando, vamos á almorzar...

(Al ver á Arturo corre á su encuentro como huyendo de Pepito.) ¡Arturo! ¡Arturo mío! ¡Qué horror! no, no; almorzar con él, no! ¡Qué horror!

(Se cobija y se agarra á su brazo.)

(Anonadado.) Pues señor, yo estoy viendo visiones.

GAS.

ART.
CLARA

ART.

Después del estreno

DEBER DE GRATITUD

El estreno de LA APRENSIVA obtuvo en verdad un éxito ruidoso: ¿se debió sólo á la bondad de la obra? Ciertamente no: al éxito contribuyó, en su mayor parte, el gran cariño con que acogió la obrita la excelente compañía del «Coliseo Imperial», dirigida por el prestigioso primer actor D. Manuel Espejo. En efecto: los intérpretes de mi obra la bordaron. Pascuala Mesa estuvo admirable; Guadalupe Muñoz Sampedro, muy bien; José Vico, primoroso en su papel de médico; el Sr. Maximino, con admirable justeza; y los Sres. Saez, Villarreal, Ramos, Isbert y Ruiz-Aguirre, muy en caracter: á ellos y á los empresarios del Coliseo Sres. García Plaza, y Alfajeme, que me colmaron de atenciones y facilidades, demuestro con estas líneas mi profunda gratitud, así como doy también gracias afectuosísimas á la Prensa madrileña por el juicio crítico que le mereció mi comedia, juicio que á continuación transcribo.

A todos, pues, envio mi eterna gratitud.

El Autor.

Linares, Diciembre de 1908.

JUICIO CRÍTICO

QUE HA MERECIDO Á LA PRENSA MADRILEÑA EL ESTRENO
DE ESTA COMEDIA

Periódicos del día 8 de Diciembre de 1908

(Del *A B C*.)

COLISEO IMPERIAL.—Puede decirse, sin incurrir en exageración, que el distinguido escritor médico, y desde hoy estimado autor cómico, Sr. Corral y Mairá, empieza su carrera de autor por donde muchos desearían terminar.

Es **La aprensiva** una comedia primorosamente dialogada.

Tiene, además, nuestro distinguido colaborador una oportunísima visualidad para presentar la nota cómica en los momentos más culminantes de la obra.

La *consulta* de la primera escena la firmaría gustoso el más aplaudido de los autores modernos, y el final de la obra es de un conocedor y práctico de los efectos escénicos.

El público escuchó la comedia con mucha atención, y celebró los primores de dicción y la sencillez de la urdimbre en que está basada la obrita.

Auguramos al Sr. Corral y Mairá muchos triunfos en la escena, sin que en nuestro vati inio actuemos de profetas, pues si para muestra basta un botón, la mejor muestra del potencial literario que hay en el afortunado autor, que anoche fue llamado á escena á recibir los aplausos del público del COLISEO IMPERIAL, es **La aprensiva.**

La Sra. Mesa y el Sr. Vico contribuyeron al éxito de la comedia y compartieron con el Sr. Corral los aplausos tributados.—*A*.

***

(De *La Correspondencia de España*.)

La aprensiva.—COLISEO IMPERIAL.—El nombre del doctor Corral y Mairá es familiar á nuestros lectores. Sus artículos de higiene y sus artículos de caza le han acreditado de hombre profundo y de escritor ameno.

Corral y Mairá, que tiene un talento múltiple y un temperamento inquieto, necesitaba internarse aún en otro orden intelectual, y ha abordado el teatro. Su primera comedia, **La aprensiva,** es muy interesante. El público oyó las primeras escenas con cierta extrañeza, precisamente porque se trataba de algo nuevo; pero luego el talento del autor se impuso, y al caer el telon, aplausos unánimes y reiterados llamaban al doctor Corral y Mairá á escena. El éxito, franco y lisonjero, había sido ganado palmo á palmo y en buena lid.

Presenta el doctor Corral á un sabio médico, que encerrado en su laboratorio, donde estudia el maravilloso mundo de los microbios y encerrado en su biblioteca, donde confecciona su discurso de entrada en la Academia de Medicina, se olvida de su lindísima mujer, que odia la ciencia y lleva una vida bastante aburrida.

Sin embargo, se entera á tiempo de la existencia de un peligroso cortejo, y decide rapidísimamente atajar el mal. Su esposa es muy aprensiva, y consigue hacerla creer que el elegante joven, asiduo visitante de la casa, está tuberculoso. Esto da motivo para una escena cómica, que gustó mucho.

La interpretación, muy aceptable.

La aprensiva es una gallarda muestra de lo mucho y bueno que su autor puede hacer.—*J. C.*

(Del *Heraldo de Madrid*)

Coliseo Imperial.—Nuestro estimado amigo, el Dr. Corral y Mairá, conocido publicista y divulgador de enseñanzas higiénicas, estrenó ayer su primera producción dramática, titulada **La aprensiva,** que mereció benévola acogida, saliendo el autor á escena repetidas veces á recibir los aplausos del público.

Tiene la obrita su *miaja* de tesis, pues aparte de la teoría que invoca para explicar las simpatías y odios desde el punto de vista material, asistimos á la posibilidad de un adulterio, que evita la oportuna intervención del microbio de la tuberculosis, que hace huir despavorida á la aprensiva casada, propincua á la caída.

La acción está hábilmente desarrollada y el diálogo es fácil y correcto. La interpretación, muy acertada.

Nuestra enhorabuena al Dr. Corral, pues no es tan fácil interesar al público con problemas clínicos.—*E.*

***

(De *El Imparcial.*)

COLISEO IMPERIAL.—El boceto de comedia **Là aprensiva** estrenose ayer con buena fortuna. Tanto la parte cómica como el dramático final gustaron mucho.

Su autor, el doctor Corral y Mairá, tan conocido y apreciado por sus trabajos científicos en el periodismo, reveló en este ensayo teatral muy estimables aptitudes.

El público, entre el que había numerosos médicos y alumnos de la Facultad, colmó de aplausos al doctor Corral

***

(De *El Liberal*)

COLISEO IMPERIAL.—**La aprensiva.**—Con muy buen éxito se estrenó ayer tarde la comedia en un acto que lleva este titulo.

Su autor, el médico y periodista de Linares señor Corral y Mairá, revela grandes condiciones para el arte teatral y ha sabido escribir una obrita sumamente entretenida, ingeniosa y bien dialogada, que obtuvo franco y ruidoso éxito.

***

(De *El Mundo.*)

La aprensiva.—El doctor Corral y Mairá es un poco célebre por sus *Retazos higiénicos*; también suele escribir de *sport*, principalmente cinegético, y quizá esta raíz del cinegetismo le halla llevado al *cine* COLISEO IMPERIAL, donde con éxito franco y merecido estrenó anoche su primera obra dramática, un boceto de comedia titulado **La aprensiva.** El alcaloide de esta obrita es un «derivado dramático» cuya terapéutica consiste en un diagnóstico incompasivo hecho por el egoísmo de un galeno, á última hora, celoso de su mujer. Este avisado médico, para separar á su consorte, muy aprensiva, de la asidua compañía de un amigo, le diagnostica una tisis atroz, con lo que la mujer huye de aquel.

El doctor Corral y Mairá ha quedado muy bien con el arte en esta primera producción, pero se ha portado muy mal con la higiene que, dada su edad y circunstancias, le aconsejan evitarse agitaciones de la vida en el teatro, disgustos inherentes á tan penosa labor y posibles astenias cerebrales, tenida en cuenta su actividad profesional y formidable trabajo científico-literario en los distintos periódicos donde colabora. Ahora bien: si el estreno le ha causado satisfacción y este bienestar le sirve á manera de excitante vital para sus nerviosas energías, continúe estrenando comedias que, si son alegres, podrán considerarse tan higiénicas como lo son cuan-

tos consejos de igual índole nos tiene acostumbrados á pro-
digar desde las calumnas de nuestros importantes é ilustra-
dos colegas *La Correspondencia de España, Heraldo de Madrid,
A B C y Blanco y Negro.* Cada cual sabe en qué consiste el
secreto de «su alegría de vivir». No hay médico capaz de
recetar la medicina conveniente para el logro de tan hermoso
resultado.

(Del *Diario Universal.*)

En el COLISEO IMPERIAL.—**La aprensiva.**—El doctor
Corral y Mairá, periodista distinguido que ahora sienta plaza
de autor dramático, ha encontrado un nuevo baluarte para
defender la virtud conyugal: la aprensión, y él le ha servido
para hacer la comedia estrenada ayer en el COLISEO IMPE-
RIAL, y para ganar con ella muchos aplausos.

El Sr. Corral y Mairá, pues, empieza bien su nuevo oficio,
y por ello hay que felicitarle.

(De *España Nueva.*)

COLISEO IMPERIAL.—**La aprensiva,** un acto, del señor
Corral y Mairá.—Un querido compañero se quejaba días pa-
sados, en *El Globo,* de la frecuencia de los estrenos y de lo
incómodo de las butacas del Salón Regio, dos formidables
verdades que requieren pronta enmienda.

La primera de ellas nos obliga á veces á dar con lamentable retraso la noticia de estrenos, como ahora sucede con **La
aprensiva,** primera y aplaudida producción del Dr. Corral. Fuera conveniente que las Empresas, ya que estrenan
con frecuencia lamentable, cambiaran las horas, teniendo en
consideración los restantes estrenos del día y la distancia de
unos teatros á otros. Al no hacerlo, ellas son las que resultan
perjudicadas.

El doctor Mairá, hombre de ciencia, ha corroborado las
afirmaciones de Rusiñol, Benavente y los Quintero respecto
á los sabios investigadores. Ya no dudaremos más. Un sabio
está casado con su mujer, y tiene siempre de amante á la
ciencia, cosa bella, pero poco práctica. La mujer se aburre,
y una dama no vacila nunca entre un piropo y el bacilo.
X ó Z. Felizmente los sabios siempre avizoran con tiempo
su desgracia, y la enmiendan; que para ello son tales. Mejor
harían en no casarse, y fuera su sabiduría indubitada.

De su devoción á la ciencia son culpables, en cierto modo,
las compañeras de estos grandes hombres. No se abismarían
en sus trabajos, ciertamente, si sus señoras vagasen por los

laboratorios, perjudicando las combinaciones químicas con otras morales, que suelen deleitar asaz al sabio más barbado. Verdad que entonces, en vez de dramas íntimos, los hogares científicos nos ofrecerían obritas para Eslava, con el tango del *bacilo de Koch*, pongo por caso.

La obra del doctor Mairá agradó mucho al público, que repetidamente le llamó á la escena. El notable publicista llega al Teatro con un derecho que tienen esos ciudadanos que empuñan alternativamente la pluma, ya el metro, sino la baraja.—*Paulino L.*

**

(De *El Pais*.)

Coliseo Imperial.—**La aprensiva.**—Con el título que precede, estrenó ayer el Sr. Corral y Mairá un boceto de comedia «seria», que gustó mucho.

La comedia se inicia desde los primeros momentos, y adquiere en seguida gran intensidad. El Sr. Corral la corta al final con una escena cómica, que no responde quizá como debiera á la elevación que se sospecha en el protagonista y á los vuelos que tomaba la obra... pero el desenlace resultó muy teatral en cambio.

La aprensiva revela en el Sr. Corral cierta perspicacia dramática y aptitudes nada comunes.

La Sra. Mesa y el Sr. Vico se distinguieron en la interpretación.

El Sr. Corral salió infinidad de veces á escena.—X.

**

(De la *Crónica teatral*.— 12 Diciembre de 1908.)

Coliseo Imperial. —**La aprensiva.**—El ilustre López Marin, me pide una *autocrítica* del boceto de comedia en un acto y en prosa, original mía, primera producción escénica que he tenido la osadía de llevar al teatro, y aun cuando mi escalpelo hállase ahito de dislacerar tejidos en los organismos de mis pobres enfermos, acepto placentero tan cortés invitación.

¿Que por qué me ha dado ahora, con mis cuarenta y tres años, la manía de escribir para el teatro? Pues por eso, por manía, por la vesania que ahora se apodera de todos los españoles acicateándolos para hacerse de golpe y porrazo autores escénicos. «¡Hoy salen autores de debajo de las sillas!» Esto me decía mi querido amigo García Plaza cuando admitió mi comedia **La aprensiva** para estrenarla en el Coliseo Imperial.

La aprensiva ¡cómo no! es de asunto médico, la tubérculosis media en el asunto, y gracias á ella (á la tisis) mi obrita se salvó; tuvo, ¿á qué negarlo? sería modestia hipócrita, un ruidoso éxito. El público, que llenaba hasta los topes el coliseo, oyó la obra con religioso silencio, riyó las situaciones cómicas, y al final me aplaudió estrepitosamente, haciéndome salir siete veces á escena.

Después la prensa toda me ha *bombeado* de lo lindo. Gracias, queridos compañeros en el periodismo.

Y claro; este brillante *debut* escénico me ha sugestionado, ¡es tan sugestiva la gloria! y ya estoy preparándome para ver dónde estreno cuatro obritas más que tengo de repuesto.

No ha de ser todo escribir *Retazos higiénicos* y *Charlas Cinegéticas* para la *Correspondencia de España*, *Heraldo de Madrid* y *A B C*. De cuando en cuando á ver si vuelvo á estrenar en un *cine*.

Y no dirán ustedes que no me he *bombeado*. El cariñosísimo López Marín tiene la culpa.—·Doctor Corral y Mairá.

*_**

(De *La Correspondencia de España*.—14 Diciembre 1908.)

Coliseo Imperial.— La preciosa comedia del doctor Corral y Mairá, **La aprensiva,** cada vez gusta más; anoche, á pesar de ser la cuarta representación, aún el público ovacionó al autor, haciéndole salir dos veces á escena

Ai final, un fotógrafo de la Empresa de *Blanco y Negro* hizo un cliché de la escena más importante de la obra, que se publicará en *Actualidades*. La comedia es magistralmente interpretada; la Sra Mesa está admirable; sugestiva é ingenua, la Srta. Muñoz San Pedro; notabilísimo, Pepe Vico; con primorosa justeza, el Sr. Maximino y muy en carácter, el Sr. Sáez.

ZUL y ROJA

COMEDIA

EN UN ACTO, DIVIDIDO EN DOS CUADROS, EN PROSA, ORIGINAL

MADRID
SOCIEDAD DE AUTORES ESPAÑOLES
Núñez de Balboa, 12

———

1909

16

Esta obra se vende al precio de **UNA PESE**

ejemplar en la *Sociedad de Autores Españoles;* en l

brería de D. Fernando Fe Puerta del Sol,

Madrid, y en el domi u autor: Lin

(Provincia de Jaé

ZUL y ROJA

COMEDIA

EN UN ACTO, DIVIDIDO

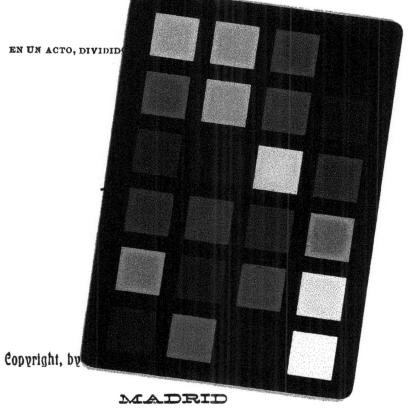

MADRID
SOCIEDAD DE AUTORES ESPAÑOLES
Núñez de Balboa, 12

—

1909

Lightning Source UK Ltd.
Milton Keynes UK
UKHW020022181218
334174UK00013B/2113/P